Sous la Pluie

Poésie

PEDDAR PANGA

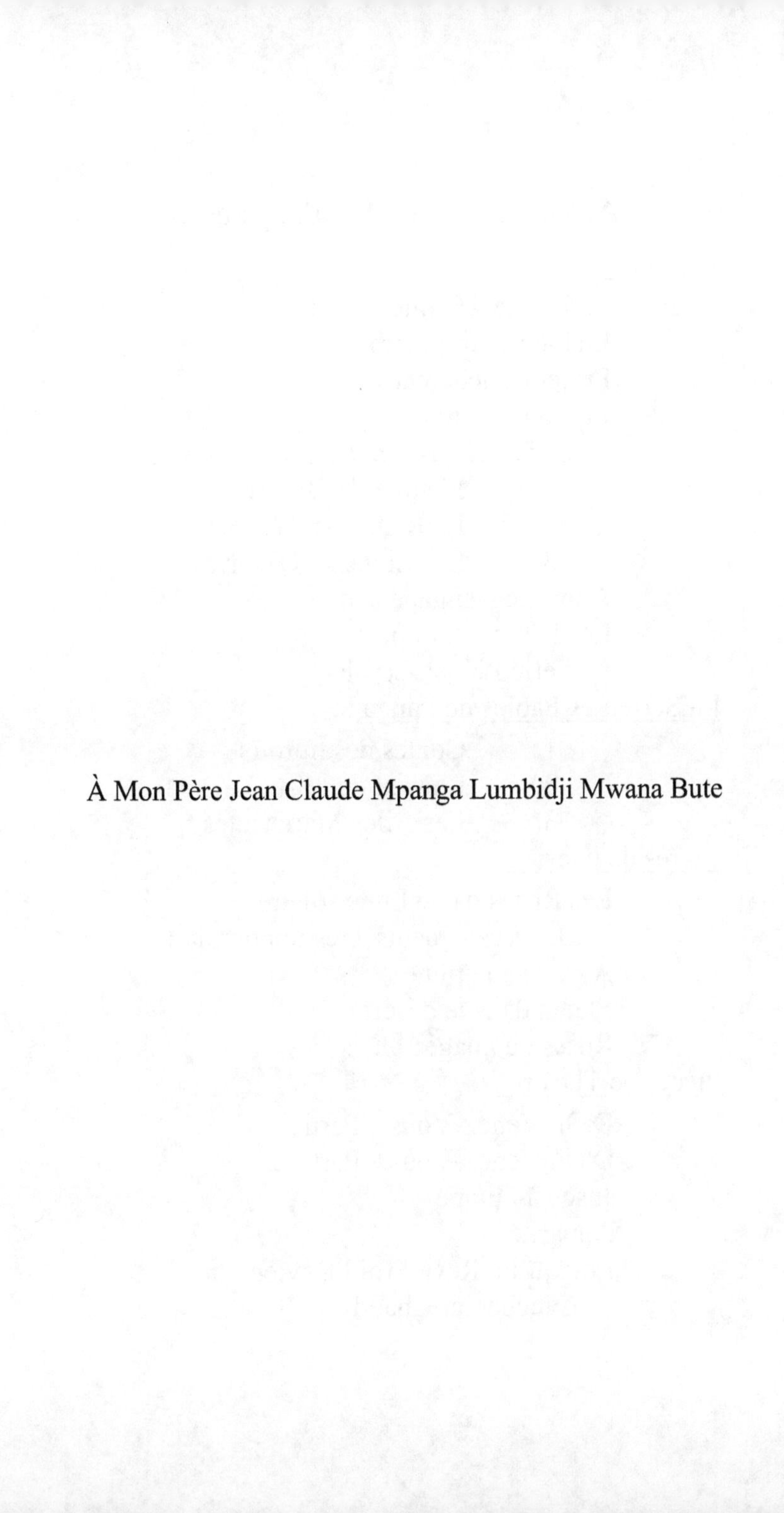

À Mon Père Jean Claude Mpanga Lumbidji Mwana Bute

Autres Livres de Peddar Panga

<u>Romans :</u>

La Pointe d'Ongle

Le Patron en Émeraude

Projet Cauchemar

La Tour d'Été

La série Les Profondeurs de Qxzerra :

1. L'étoile de Qxzerra
2. La Reine est Absente
3. Les Lions de Qxzerra

Anuarite Nengapeta

Les Hiboux Diurnes

La Série Planet Zkyolo

<u>La Série Les Fables de Panga :</u>

1. Contes des miroirs
2. Le vent de l'Est
3. Les Ailes Marchantes

<u>Livres de poésie :</u>

Les Roses d'une Lune solaire

V.I.L. (Les Amants Très importants)

À travers la pluie

Fleurs dans le désert

Roses de nuages bleus

<u>Pièces de Théâtre :</u>

D'Où Venez-Vous ? Partie 1

D'Où Venez-Vous ? Partie 2

Jusqu'à l'Étape

Anuarite

Lorsqu'un Rêve Froid Devient un
Cauchemar Chaud

TABLE DE MATIÈRE

Peddar Panga

REMERCIEMENTS

Mes sincères remerciements à ma famille (parents, frères et sœurs, épouse, cousins et enfants). Sans ma famille et tout l'amour que chaque membre porte pour moi, je ne saurais pas publier aujourd'hui.

I. Entre Quelques Jours

La vérité triomphera toujours.

Le Lion Affamé

Les nuages lient les yeux d'un lion.
La lune casse une noix sur sa bouche
Le seul aliment
que son estomac a reçu en un mois.
Sa recherche d'un centime a bouleversé
la poche du soleil.

Sous les ailes qui soutiennent une vache
plongeuse,
Le lion coud un uniforme pour les oies qui
défilent.
Les aigles construisent le nid de leur monsieur.
Sa façon ridicule est la peau de cobra mort.
Il fabrique des chaussures de diversité pour ses
gants.

Les patchs sans vie transforment son imagination
Des générations dans la sphère du futur
atteignent le jeu de la vie
Pour jouer une note douce de flûte.
Un rêve d'une bataille de signature

Peut réaliser ce qu'un mot a échoué.

Je suis un vêtement d'un bébé qui pleure,
La peau de célébrité du poisson doré
Qui n'a pas besoin d'eau pour respirer.

Un médecin combattant le symptôme de fatigue
Laisse son patient lui apporter le remède.
Le cerveau suture sa bouche,
Qui est un cœur parsemé d'un caractère
géologique.

Tout est à sa place.
Un lion affamé ne mangera pas de l'herbe ?
Le lion affamé l'a goûté.
La nature a organisé la chaîne alimentaire et des
alternatives
Pour accueillir le destin de chaque être.

Roi Vérité

L'électricité statique est apparue à l'horizon
Au cours d'une heure excitante,
amplifiée par des rumeurs,
Quand il n'est plus possible de dormir
Pour forcer le plaignant à ouvrir grand les yeux.
La vérité a illuminé le ciel.

Le gardien du bouclier est grand
Au pic des collines en fumée
Les nuages ne peuvent pas être un aller simple.
Quand les fleurs refusent de faire face au cadeau,
La vérité entre en scène.

Hors du temps où la ligne de projection se termine,
La signature disparaît, divorçant avec fausseté.
Quand la vérité a du mal à traverser l'œillet,
Aucun escalier retourne l'écho
De la musique investie lors de la promenade.

À quelques pas des ténèbres du désespoir,
La restauration est devenue la peur.

Peddar Panga

Nous allons écouter leurs points de vue
Et retenir nos rires.
Les mensonges ne peuvent pas régner pour toujours.

Ils ont célébré leur victoire.
Pour combien de temps, cependant ?
La salle d'attente s'est vidée.
La fête devient une pyramide fondue.
Et le rêve se noie dans l'étang de larmes.
La vérité triomphera toujours.

Culpabilité

Un mur avec des images gothiques,
Représentant un Paradis sale,
Interfère avec le monde virtuel clignotant.

Je voudrais être un saint
Et changer mon nuage et mouiller mon sol
Par une méthode appelée « pourquoi je suis ? »

Est-ce que le coupable est mon rival de demain ?
Il faut une purification chez moi.
C'est mon pire état jusqu'à présent.

Voilà la grippe dans mon cœur
En remplacement de l'histoire
De qui remords le contrôle.

Le temps s'est arrêté, fatigué de mes commères.
Ce que je veux, c'est ce dont j'ai besoin.
Mieux vaut l'accepter et aller de l'avant.

L'esprit chaud nage dans l'océan de la culpabilité.
Cela ferme mon cœur aux opportunités.
Culpabilité, je t'envoie à l'échafaud— à jamais.

Air Pollué

J'ai pleuré, dans un ballon sans forme,
Engagé au téléphone,
Mais je pourrais être un son doux.

Puisque l'oxygène se soucie des images,
Tu peux aussi tout refuser,
Et remplir la poudre à canon.

C'est un problème dans l'air
Comme une taie d'oreiller volante,
Ballotée sans pitié jusqu'à la mort.

La plus ancienne des reliques de saints
Divise une nature morale de l'agitation.
Aucune viande ne s'offusque dans le processus.

Du moins, il m'a appelé.
La laideur rejette les mensonges
Et… des cosmétiques bon marché.

Des adeptes fiables brillent dans l'histoire.

Maintenant, nous ne pouvons plus respirer, car
La pureté ne peut pas atteindre le noyau de la Terre.

L'air pollué !
Ceci est le résultat de beaucoup de mensonges
Propulsés dans l'atmosphère.

Les Chagrins

Comme pour un temple d'épines,
La mort n'est pas le courent d'eau
S'écoulant des yeux à travers les joues douces.

Tes amis sont encore plus moroses,
Et plus tôt, deviendra toi.
Vas-tu les devenir aussi ?

Une tradition humaine
de poser une pelouse en or
Imite un dessin animé d'un personnage inconnu
Et du grand-oncle qui n'a jamais existé.

C'est une fiabilité à perte,
un échec dans tous les domaines
Comme une goutte de pluie,
Il tombe dans le jardin de la désolation.

Le cresson attire les hommes.
Le sang de leurs yeux abîme les tombes
Mais, ils m'invitent pour réparer le désordre.

Une maison de détenu est inactive.
Ça pleure sur l'invisible.
Le chagrin est toujours chagrin.

Par objection, je l'appelle
'L'étude de la belle erreur'—
Une erreur du foulard.

Amour de Minuit

Mon zéro veut toutes les pauses
Entre la vie et la mort.
La cuisson entre l'objectif a un problème.

Je fais toujours des trucs dynamiques
Je mélange les niveaux de sucre
et de sel fabriqués par des filles.
Les garçons regardent avec étonnement.

J'ai eu du chagrin pour la franchise
Quand le vent expose sa méchanceté
Et la lune m'a séché la gorge.

Le flow sauve le passé. Pour l'écho sonore,
certaines auditions ont augmenté.
Il a mis à zéro les cendres
dans le monticule de fourmis

Au rêve sans fin,
J'attendrai le départ.
La vérité stérilisera l'amour de minuit.

II. O, Fleur d'Amour !

L'amour brille dans les yeux dorés de ma bien-aimée. L'amour de son cœur est l'air que je respire.

Dans tes Yeux

Regardant droit dans les yeux,
Je ne perçois que l'amour.
Ton sourire contagieux a un effet curatif.
Je rajeunis, je jubile.

Tu portes des yeux uniques,
Avec des poutres qui donnent de l'amour
et du service.
Ils vont profondément dans mon cœur.
Ils touchent toutes les cellules de mon être.

Contemplant tes yeux charmants,
Je me sens digne de percevoir ton cœur souriant,
Lire chaque note d'amour dans mon sang
ne laissant aucun choix à mon âme
que de danser.

Regardant gentiment dans tes yeux,
Je vois des lumières arc-en-ciel
venant de ton âme.
Ils donnent des ailes sans faille à mon cœur

Peddar Panga

Pour voler jusqu'au paradis.

Tes yeux répandent l'amour comme une cascade.
Tes yeux sont une vie limpide
qui calme les eaux.
Tes yeux sont un doux tonnerre ardent
Tu es un pur instrument d'amour.

Un Rêve Facile

La beauté d'une étoile n'est pas l'étoile elle-même
Mais l'œil qui le contemple.
Une fleur n'est belle que pour son admirateur.

Quand tu respires,
Mon nez, le parfum de l'amour
Sortant de tes poumons, ça sent.

Quand tu parles,
Capable de détecter les vibrations de l'amour qui
sortent de ton cœur, je le suis.

L'air autour, rempli de joie est.
Les insectes, au rythme se joignent.
En plus, avec bonheur, ils dansent.

Quand tu es à mes côtés, oh, mon cœur !
Les arbres autour, leurs têtes inclinent
Les feuilles, gloire de l'amour, chantent
joyeusement.

Un rêve suspendu à un arbre, je suis devenu.

Facile à saisir.
Je suis un rêve facile
que tu peux créer dans ton sommeil.

Larmes d'Amour

Des larmes d'amour salées
et épaisses coulent
dans mes joues roses.
Le nez bouché
et les yeux rouges rejoignent le chœur
Mon cœur semble trop petit
pour contenir tout l'amour
Que tu verses dedans.

Sois tranquille sur mon cœur
pour éviter un débordement,
Une autre dose unique de ton amour
Peut éclater mon cœur déjà au-delà
de sa capacité de réception.

Une overdose peut écraser mon âme
Et zigzaguer toute ma vie.
Des larmes d'amour coulent dans mon cœur.
Mes mains ne peuvent plus recevoir
de cadeau de toi.

Les gouttes d'amour de ton cœur au mien
dépiècent mon âme en mille morceaux
O, c'est un amour spécial !
Je n'ai jamais reçu l'amour comme tu me le donnes.

Ta Douce Voix

Douce et ravissante, ta voix est
Elle caresse mon tympan et détend mon cœur.
Je n'ai jamais entendu une voix sucrée comme la
tienne.

Ta voix met l'harmonie sur mes pas
Maintenant, ils sonnent comme de la musique.
Ta douce voix abaisse ma tension artérielle.

Ta voix élimine tous mes doutes.
Aucune peur ne chasse plus mon âme
Ta voix magique illumine mes rêves.

Ceux qui sont exposés à tes vibrations,
Même les anges malades, sont guéris
Aussi vite qu'ils entendent ta voix qui sauve.

Ta petite voix sèche les graines de tout ennui
Ta voix sentimentale adoucit ma colère.
Je ne peux plus résister.

Garde ta voix remplie de rose qui parle, chérie !
C'est un cadeau unique pour ton
Une bénédiction pour les chanceux qui l'entendent
adorablement.

Amour Magique

L'eau au ciel grimpe. Les montagnes
comme des fleurs sous le vent dansent
La lune et les étoiles au sol descendent.

Deux anneaux trouvent leur justification
sous la pluie
Ils invitent le bonheur à se joindre à la fête
L'or et le diamant autour de nous dansent.

Ils gagnent le titre de fleurs
Reçu en deux parties
Un saint graal et un cœur jaune.

Des oiseaux exotiques se promènent.
Quelle vue reposante,
Plein de magie et d'échouements !

Pendule et clés de la maison disent toujours
Bonjour. Avec joie et sourires sans fin.
C'est ce que ma chérie a apporté dans ma vie

III. Moi et Elle

Nous pouvons danser au cœur de l'océan
d'or de l'amour.

Nous Pouvons Danser

O heure de pointe !
La circulation s'est arrêtée de notre côté.
Ce feu rouge prend si longtemps,
Assurément distrait par nos adorables baisers…
Nous pouvons danser pendant l'attente.

Nous pouvons danser au centre du trafic urbain.
Nous pouvons danser sous une grosse tempête de
grêle.
Nous pouvons danser sur la lave d'un volcan en
éruption furieux.
Nous pouvons danser.

Nous pouvons danser au centre de la jungle
Plein d'animaux féroces et de fantômes effrayants.
Les Lions et le règne animal peuvent rejoindre notre
chorégraphie.
Nous pouvons danser.

Nous pouvons danser au cœur d'un champ de
bataille

Quand les bombes atomiques tombent sans merci.
Nous pouvons danser au centre d'un stade
Pendant le Super Bowl ou la finale de la Coupe du
Monde de la FIFA.
Nous pouvons danser.

Nous pouvons danser au centre de l'univers
Autour des étoiles et des constellations.
Nous pouvons danser au cœur de la lune,
Nous pouvons danser sur les escaliers qui mènent
au Paradis.
Nous pouvons danser.

Nous pouvons danser sous un orage époustouflant,
Sous les tornades et les ouragans.
Nous pouvons danser sur la plage de l'Océan
Pacifique, et ignorer le tsunami dévastateur.
Nous pouvons danser.

O, heure de pointe !
Notre danse a endommagé les feux de circulation
Nous attendons depuis toujours…
Bon, on y va, on danse !
Les lumières viennent de virer au vert.

Surdose

Ai-je vraiment besoin de savoir si je t'aime ?
Veux-tu vraiment savoir si tu m'aimes ?
Avons-nous vraiment besoin de savoir
si nous nous aimons ?

Le soleil du matin se lève. Non seulement
pour révéler la beauté des montagnes,
Mais surtout pour nous inviter à nous asseoir
À notre endroit préféré.

Ici nous nous reposons
sur notre couronne d'or d'amour
Où nous contemplons habituellement
Les rayons dorés du soleil qui ressemble
à notre cœur fondu ensemble.

Aucun mot ne classifie ton amour.
Ton affection est plus qu'une affection régulière,
La tienne est au-delà de l'amour,
comme tout le monde le sait.
Ton amour est une coupe en or

de la miséricorde de Dieu

Veux-tu savoir si tu m'aimes ?
Fais-moi plaisir, s'il te plaît
Évite de verser plus d'amour dans mon cœur,
Tu vas le faire éclater avec une overdose.

Nettoyage Spécial

Une nouvelle langue voit le jour
Par rapport à la plaie qui guérit par miracle
Du coude aux ailes nourries d'amour.
Ma langue, un remède au cœur de ton cœur est.

La spécification a une fin humanitaire
La propulsion bienveillante transfère des
vaisseaux en or de ma langue à ton cœur.
L'ecstasy a choisi de construire son abri
dans notre maison.

Nettoie ma plaie avec ta langue,
Doté de propriétés miraculeuses,
Donnant les mêmes soins
qu'un fantôme d'amour qui guérit,
Et je nettoierai le tien avec mon cœur.

Si le rejet des qualités humaines le permettait,
Ma langue va détenir la plus haute vérité
qui se marier à la force de propulsion,
au moteur unique du cœur qui facilite le transfert
de l'humain au divin.

Le nettoyage de mes plaies par ta langue
Déplie les ailes de mon cœur,
Et alimente mon âme pour rendre ta faveur
Aux millièmes plis.

Salomon Contre L'Amour

Les yeux rouges délimitent contre ma place -
La carence est un coin urgent.
Ne jamais rester pour un seau vide.
Prix et médailles d'or endommagés
Un bisou chanceux qui s'éteint des mains.

Faux et extrêmement faux, la sagesse
de Salomon s'applique-t-elle partout ?
Oui, mais pas dans le royaume de l'amour.
Là, il n'est nul besoin de sonder ta foi pour moi.

Tu es mon cœur adorable
Tu es mon amour le plus cher
Tu m'as donné tout ton cœur,
Librement, comme un cadeau d'or brillant.

Aucune condition ne prouverait
Que tu es digne de ce que tu es déjà :
Le choix inconditionnel de mon cœur
Et mon plus grand trésor d'or.

Amour gratuit et inestimable

Peddar Panga

Laisse de bonnes empreintes lisses sur le cœur
Pas comparable aux marques de tes lèvres
à ton cœur j'ai embrassé.

44

De Moi à Elle

Je le sens utile,
Le mal de cœur provoque un mal de tête
De la même manière que
je ne sais pas ce qui se passera demain.

J'ai deux clefs à mon cœur,
Jamais connu à moi
La première clé est son âme à mon cœur
Et la deuxième clé est mon cœur au sien.

La pluie tombe mais ne touche pas le sol,
Quand mon bébé marche
Le ciel devient trop bleu
Un air saphir purifie la belle journée.

Pétales de rose répartis partout
Comme une colonie d'abeilles volantes,
À la recherche d'un trésor pour faire du miel.
Les abeilles ne trouvent que du pollen
dans son cœur.

Peddar Panga

Elle aime le murmure de mon cœur au sien.
Je répands de l'amour sur son aura
Je remplis ses rêves avec beaucoup d'amour
Je lui facilite la vie.

Elle secoue mon univers avec beaucoup d'amour.
Elle apporte des miracles dans ma vie
Maintenant je comprends ce que cela signifie
Quand deux amants fusionnent pour devenir un.

Doux Amour Brûlant

Apprend à ressentir le bonheur,
Et à ne voir de la perfection que dans son amour.
Demande-lui ce qu'elle veut
Laisse ton cœur en graver tous les souvenirs.

Elle habite dans le côté aveugle de ton cœur
Où nous ne percevons aucune imperfection.
Elle habite aussi du côté alchimiste de ton âme
Qui transforme ses négativités en or.

Soulève toute la magie en elle. Dis-lui
comment elle pond seulement des œufs de diamant.
En plus, une vache, elle est
Qui ne produit que du lait d'or.

Faites-la croire que
Ce monde est plus délicieux à cause d'elle
Que le soleil brille seulement pour célébrer sa gloire
En outre, la vie ne serait pas vie si elle n'existait pas

Car tu es comme la vérité au-dessous de sa douce

voix,
Tu es des bijoux qui élargissent son cœur
Comme des fleurs d'un arbre de diamant,
Tu es des pétales d'or dans son doux amour brûlant.

IV. Ange Sans Ailes

Je ne lui ai pas donné la centième fois, elle a oublié tous les cadeaux que je lui ai donnés quatre-vingt-dix-neuf fois.

Saleté

Les gens sont tous ivres
d'une boisson inconnue
Ils portent des couches
sur des couches de microbes sales
Infestant l'esprit, l'esprit et le corps
De plus en plus sale
avec chaque endroit contacté.

Suis-je une exception ?
Non, personne n'est exempté.
Est-ce un comportement naturel ?
Une acclamation d'être un chasseur de saleté,
Toujours courant derrière la poussière
Suçant et jamais satisfait par
Combien de saleté nous affecte ?

Curieusement,
les cochons agissent de la même manière.
Ils nous montrent comment, comme eux,
Nous aimons traîner dans les étangs boueux
Prenant des pluies constantes de poussière

Profitant du désordre sur nous-mêmes,
Régulièrement.

Saleté, saleté, saleté !
Aucun bouclier n'existe contre elle.
Comme un poisson nageur ne peut éviter l'eau,
Tu ne peux pas contourner la saleté.
C'est tout autour de toi.
Cela baigne dans ton sang.

C'est à toi de décider.
La lutte contre la saleté est ton choix—
Le choix de caresser le sang de la terre
Qui joue avec ton système immunitaire,
Pour le meilleur ou le pire.
Le nettoyage et la purification reposent sur toi.

La vie nous prédestine à nous salir.
Pourtant, il offre beaucoup d'outils de nettoyage,
Eaux disponibles et douches spirituelles
Bons et meilleurs aliments
Environnement et soins environnants
Juste assez d'outils pour aider à nous nettoyer
Lorsque nous devenons plus sales en route.
Un nettoyage de l'âme, c'est tout.

Affaire Froide

Ton amour est froid comme un ver mort.
L'atmosphère autour de ça
Est en dessous de zéro— un froid glacial.

L'aura froide autour de ton corps
Me donne de la chair de poule
Comme un coq qui a une nausée.

L'attitude mystérieuse que tu incarne
Dangereusement contagieux, ça l'est.
Me faisant porter ta lourde croix sur mes épaules.

Cependant, viens près de moi, ma chérie.
Mon cœur chaud talentueux couvrira ton âme
Et sublimera toute glace recouvrant ton aura.

Une fois autour de mon cœur d'or,
Ton attitude figée doit se fondre.
Mon attitude épicée te soutient à cent pour cent.

Crois-moi, chérie,
L'amour n'est pas une recette égoïste.
L'amour est en ligne avec une nature chaleureuse.

La Centième Fois

Prend une profonde respiration
Regarde dans le rétroviseur de ton cœur
N'oublie pas d'étudier les archives de tes
souvenirs.
Ils peuvent te rappeler de revoir ton approche
Et réécrire notre avenir pour le meilleur.

Ne laisse pas mon incapacité à te donner la
centième fois
Effacer tous les bons moments
que tu as reçu l'aide de moi.
Souviens-toi, je t'ai donné sans cesse quatre-
vingt-dix-neuf fois,
Et pendant quatre-vingt-dix-neuf fois,
tu t'es incliné et embrassé mes pieds.
Mais maintenant ?

Ferme tes grands yeux une fois de plus
Pour voir de grandes lettres écrites
dans ton esprit
Te dire que le monde est une terre étrangère

Sous la Pluie

Pour toi et pour moi.
Nous avons tous les deux d'un besoin—
et d'un désir constant—
de s'entraider cordialement.

Étend un coup de main,
Ouvre ton cœur
Toutes les saisons sont là pour donner.
La période de réception viendra à la récolte.
Le recadrage et travail sont à ta porte,
Incitant ton cœur à donner et à donner plus.
Ne pas se plaindre du cadeau
que tu as manqué la centième fois.

Seulement Pour Huit Heures

Comme un rêve oublié,
Parti comme une bouffée de fumée,
Aussi, comme un sommeil formel
Réputé pour sa capacité
à voler la conscience humaine,
Jamais elle n'a été aimée pour si peu de temps.

La flamme de son amour,
Assez chaud pour réanimer un cadavre,
Brûle encore si fort
Et aucune extinction n'est en lice.
Tellement impossible à digérer,
Il est parti juste après huit heures.

Des amis autour se moquent de son visage.
Ils montrent des dents largement rouillées
Et rient autour de sa honte, ouvertement.
Ils disent : « Elle a touché à l'électricité ». Et,
« Est-ce que c'était de l'amour
ou juste un intérêt charnel ? »

Leur dédain déchire son cœur en morceaux.

Ne pas aimer et aller
Seulement après huit heures
Si tu reviens à elle, dit-elle
Elle sera ravie de t'accueillir
Avec ses bras grandement ouverts.

Ce que tu inflige à son cerveau
Peut détruire son cœur fragile
Cela peut empoisonner son système immunitaire
Il peut assombrir son âme précieuse

Parti si vite comme un tourbillon
Huit heures, si courtes que cela puisse paraître,
Est-ce suffisant pour précipiter son âme
Dans les autres mondes.

Ange Boiteux

Chaque fois que je suis loin de toi,
Je me sens comme une petite fourmi
portant un éléphant
Ta présence est le seul soulagement
Tu es la clé de mon bonheur
Et un code de mon soulagement.

Le vide que tu crées quand tu t'en vas
Aromatise ma créativité
de travailler pour ton retour et de
Frapper continuellement à la porte de ton cœur.
Tu es l'eau de mon monde
Tu es le bonheur de ma vie.

Comme un ange blessé
Marchant, estropié avec des béquilles,
Mes ailes sans pitié, sans racines,
Constatent comment l'amour m'a tourné le dos
Apportant des cauchemars.
Je manque de sommeil comme si
j'ai un rendez-vous à minuit avec un démon.

Je suis vraiment un ange boitant.
Peu importe les dommages causés à mon être
Malgré le sang coulant d'or
Hors de mes blessures,
Je dois suivre le chemin de l'amour.

Numérotation Abrégée

La touche de l'amour répond automatiquement.
Son numéro abrégé n'existe même pas
Se précipitant mais lent pour répondre à tout appel
Tu me demande s'il m'a déjà parlé auparavant
Il dit : « tu as un mauvais numéro ».

Cependant, pourquoi vient-il de m'appeler,
il y a quelques minutes ?
« Je viens de retourner ton appel,
mon amour, » dis-je.
Cela m'a ignoré. Cela fait attention.
Pas de chèque de paye, après le travail.
L'amour n'a jamais cessé de m'impressionner.

Buffet d'amour ne se termine jamais à la table
Que je mange ou que je bois comme un fantôme
Je n'ai jamais été satisfait. Je n'ai jamais été bourré.
Je continue à demander plus
Je veux que tout soit à moi, exclusivement.

La capacité de résurrection
d'amour est incommensurable.

Je l'ai tué plus d'un milliard de fois.
Pourtant, il revient à la vie
plus rapidement qu'un phénix.
Défier ma volonté de vivre sans elle.
L'amour m'a vraiment époustouflé.

Paradoxe

L'Enfer a brisé dans mon cœur
avec tous ses feux et ses difficultés.
Ça y a véhiculé la paix et le bonheur
Ça a apporté la fertilité à ma terre
comme le temps fécond.
Et ma maison pleine de fleurs est.

Le Paradis a envahi mon cœur
avec toutes ses merveilles et élégances.
Cela a causé des chagrins et des pleurs.
La sécheresse tombe comme un feu qui pleut.
Et mon jardin a séché comme un désert.

Le temps s'arrête sur ma tête
Avec soleil de vent et glace de degrés chauds.
La souffrance, c'est comme dormir dans un miroir.
Le bonheur se voit comme une épreuve.
Quel paradoxe !

V. Roses en Épi

Comment puis-je jouer de la musique quand le clavier est composé d'épines ?

L'Amour en Limbes

Une invitation simple et téméraire dans ma vie,
Était suffisant pour embarrasser tout mon univers
Mon horloge tourne maintenant en arrière.
Surmontant les marées, mon pain quotidien est.

Comme une abeille qui cherche une fleur ...
Seulement parce qu'il veut aspirer le pollen,
Juste pour le plaisir,
Ta morsure au cœur était si contagieuse.

Ton parfum attire forcément tous les fantômes,
Invitant Eve à goûter le fruit défendu
À plusieurs reprises avec impossibilité
de revenir à ses conditions préalables.

Tu as retourné ma vie à l'envers
Porter des migraines, je le fais maintenant.
Qu'en est-il de l'insomnie ?
Pas besoin d'en parler.
Chagrin d'amour, mon compagnon actuel est.

Peddar Panga

Le moment vient si pas encore là,
Quand toutes les créatures se lèveront contre toi,
Tous les êtres t'inviteront
à répondre tes crimes contre l'humanité.

Amour, tu as causé des dommages irréparables
Pas seulement à ceux qui ont un cœur
Mais aussi à chaque créature.
Repends-toi, Amour !

Valeur Améliorée

Je l'avais pris pour acquis,
Comme une vache laitière avec son lait.
Je pensais qu'il m'appartenait,
Comme les vagues de l'océan sur la plage, aussi,
Comme la respiration à travers mes poumons.

Pour le pire et le plus faible temps lui accordé,
Il excelle dans ma direction. Comme un moule,
L'intérêt le plus chaleureux pour lui
grandit rapidement,
pourvoyant des pieds à mon cœur pour marcher.

Loin de lui,
Ma valeur de bébé à mille fois augmente
Pour toujours dire le vrai maillage de sa valeur
Mon cœur l'aimant plus qu'il n'a jamais aimé.
Quand Il me manque,
mon âme est comme un homme qui se noie.

Au diable la distance, car mon cœur rayonnant
Les ailes les plus braves,
mes sentiments empruntent,

S'allongent comme un arbre de son cœur
pour atteindre le mien et battre pour son amour.
Mon nez pour son air respire.

Ma réalisation la plus heureuse être :
Séparation courte ou longue distance
Pas pour acquis à lui reprendre.
Lui juste un autre os de mon être.
Je ne peux pas vivre sans lui.

Alchimiste

Tu es prêt à jouer le désir
Que ta bien-aimée devienne une image à distance
Qui conçoit ton mur à plusieurs reprises.

Pour briller, la lune a besoin
du reflet de la lumière de ton âme.
Pour respirer, chaque étoile a besoin
de ton identité. Aucune utopie n'existe
lorsque ta bouche balbutie.

Anciens neiges regardent in the time,
jouant au jeu du miroir
et des roches ignées comme des étoiles sauvages.
Elles embrassent les coupures de ton ongle.

Le bleu n'envahira pas la veine pour y loger.
La Terre, est-elle morte de façon inattendue
pour toi ? Oui parce que
Tu es un alchimiste d'un autre calibre.

Un véritable alchimiste transforme les métaux
en or.
Tu as transformé mon cœur d'or
en une corbeille rouillée et médiocre.
J'aurais souhaité ne jamais croiser ta route.

Et Après ?

Diffuse mon nom à la radio et à la télévision
Annonce mon visage sur l'Internet
Mets mon nom sur les titres des journaux,
Des tabloïd et des magazines
Écris-le sur les grands panneaux
d'affichage et sur les babillards.

Chante mon nom dans le désert
Chante-le dans les profondeurs
des océans et des abysses.
Crie mon nom très fort dans les rues,
Lorsque les tornades et les ouragans traversent.

Bois mon nom comme un vin,
Ta boisson préférée.
Après une seule gorgée, utilise l'alcootest
pour mesurer ton état d'ébriété.

Témoigne que tu m'aime. Et après ?
Tu connais la vérité,
Interdis-le de te faire du mal.

Endurcie

Maintenant que je suis entre tes mains blessées,
Même s'elles continuent à me poignarder
de manière effrayante,
Je ne peux pas partir, je ne peux pas abandonner.
Je ne respire rien d'autre que toi.

Accro à toi, je suis avide
Partir, j'essaie courageusement.
Étonnamment, je reviens sans cesse,
À plusieurs reprises, comme un cycle d'horloge.

Doucement incrusté dans ton lit épineux,
J'embrasse tes doigts radieux dans mon cœur,
Chaque fois que je me réveille.
Ça fait mal. Pourtant, je ne peux pas abandonner.

Amour, tes pistes dangereuses sont à suivre
J'en jette une, finalement,
J'embrasse doucement une autre,
Plus troublé que la première.

Peddar Panga

J'ignore la pluie, la neige, les hivers froids,
Et les étés chauds et moites
Mon cœur affamé, a l'impression
qu'il ne peut pas vivre
Avec un vide que tu crées quand tu t'en vas.

VI. Nous Connaissons le Secret

Monter au sommet d'une pyramide a besoin de compétences.

Le Secret de Maman

La nourriture de maman a toujours un goût
délicieux
Son vin n'a jamais été acide mais sucré.

La canne de maman ne fait jamais de mal mais
enseigne
Ses fessées sont douces et caressantes.

Les paroles de maman sont pleines d'amour
et de sagesse
Ils font sourire tous les visages et tous les cœurs.

Les actions de maman incitent à faire de beaux
rêves
Son cœur est un nid de créativité dorée.

La présence de maman laisse un parfum d'amour
Partout où elle fait un pas.

Je connais ton secret, maman.
L'amour— et l'amour seul— remplit tes devoirs,

Merci maman pour le partage
du plus grand secret de tous : l'amour.

Devenir

Quand Dieu devient un homme,
Il transforme la planète Terre en un champ d'amour.

Quand un homme reste un homme,
Il apporte des changements autour de lui.

Quand un homme devient un dieu,
Il élève la vie de son peuple.

Quand un homme se rabaisse,
Il pollue son environnement.

Quand un animal devient humain,
Il aide ceux qui l'entourent.

Un plus à la vie existe
Que juste une mise à niveau ou une dégradation.

La vie est un trésor d'or.
On devient ce qui est nécessaire à un moment
donné.

Un Cœur Aimant

J'ai des réponses.
Pas besoin de poser des questions.

Les codes d'accès de flammes de destruction
endommagées
Ne laissent pas l'éternité pour tracer un souvenir.

Dis aux fleurs de prendre leurs responsabilités.
Elles amplifient le capteur d'unification.

En raison de mes capacités à supporter le présent,
Beaucoup me traitent de rapace.

Au lieu de cela, je suis une colombe.
Je détiens, pièce par pièce, le secret des secrets.

Le secret d'un clic
Le secret d'un clin d'œil

Le secret d'un claquement de doigt
Qui transforme la guerre en paix.

Un grand cœur doré aimant est ce secret.

Paroles Confinées d'un Agneau

Le plus profond silence résonne de ton soupir
sans bruit
Le monde tranquille se rend à l'infini
des yeux lointains
Où l'amour est clair comme un clair de lune.

Le silence chante des mélodies inouïes
Avec la force de la vitesse de la lumière
Rayonnant sur des fleurs
et reliant des merveilles.

Le fruit de l'amour donne un langage de beauté
Qui connecte l'amour et les coiffes
Naufrageant dans un cœur d'or.

Sur le chemin de l'abattoir, tout reste calme.
Un outil parfait pour comprendre la compassion
Qui affaiblit la force de l'ego.

Oh, mots confinés d'un agneau !

Sous la Pluie

Le silence—
Un vrai langage d'un cœur aimant.

Vie en Velours

Entre les mains de la vie, assied-toi et détend-toi
Velvet et charmant, ils sont.
La vie t'aime tellement.
Pour être en vie, une bénédiction est.

La vie enseigne mieux
que n'importe quel professeur
La vie ne retourne que ce que tu y mets
La vie équilibre tout.
Sois honnête avec elle.

Soie intègre envers la vie—
tu ne peux pas la tromper.
Quoique tu y mets, cela te le retourne.
La vie est le miroir de Lui-même,
Elle reflète ce que tu es.

La vie est sainte et appartient au Saint.
La vie n'écoute pas les mots négatifs,
Alors, ne dits que les positifs.
La vie est un cadeau—
un joyau en or de sa part.
La vie est un trésor.

VII. S'attendant à Une Seconde Venue de l'Amour

L'amour que j'ai cuisiné est encore frais dans la poêle après un long moment.

Pas Cette Fois-ci

Ne me quitte pas actuellement
Pendant que je suis perché au sommet de la
montagne de ma vie
Quand tous mes besoins sont à leur meilleur
choix
Se reposant au zénith de leurs souhaits.

Ne me tourne pas le dos
Et n'obscurcit pas l'ombre des bénédictions
Pendant que le soleil réfléchit ses rayons sur
mon cœur
Secouant chaque nuance de mon âme.

Ne claque pas la porte de ton cœur
maintenant
Quand mes sentiments louent ton âme
Tout en poursuivant ma propre queue
qui interfère avec la lumière de ton amour.

Ne me laisse pas tomber aujourd'hui
Mon cœur nu a besoin de ton manteau
d'amour

Peddar Panga

Ton amour envoie des étincelles de lumière
dans l'atmosphère

L'amour ne peut manquer son rendez-vous.
L'amour est tellement ponctuel.
L'amour n'est pas sourd
L'amour voit avec plus que des yeux
Ton amour a lavé toutes mes ténèbres.
Mon amour pour toi vivra pour toujours.

Je Ne Suis Plus Jeune

Ton amour brûlant a planté et mûri
Les jours sombres sans fin de ma vie
Dissipant tous les espoirs de vie éternelle.
Plus de soixante-dix ans dans ma vie,
Maintenant que je ne suis plus jeune,
Dis-moi si je retrouverai la paix.

Une terrible tempête noire tourbillonne
Et suce tous mes appétits.
Ça déshydrate mon amour et mon sang
Chassant mes pensées
comme un loup-zombie sauvage
Les cauchemars effrayants deviennent le
compagnon de la nuit
Dans le jardin sombre de mes rêves.

Le matin, je reçois le soulagement
d'un environnement terrible
Décoré de poutres dorées
Qu'aucun humain n'imagine jamais
s'approcher.

Il consume toute l'espoir de ma vie
Et obscurcit ton chemin pour te recontacter.

T'aimer était un atout pour la vie,
J'y ai investi toute mon âme et mon esprit.
Ton départ tourne ma vie sans valeur
Et crée un océan de détresse très profond.

Je ne suis plus jeune
Mais je ne suis que dans ma vingtaine
Le seul remède à mon rajeunissement est ton
retour. Reviens, s'il te plaît. Autrement,
Tu ne sauras plus reconnaître ma face ridée.
Ton retour est ma cure.

Compter Les Gouttes de la Pluie

Depuis que tu m'as quitté, bébé,
Je me sens si seul et abandonné
Je n'ai jamais bougé d'où tu m'as laissé.

Je me tiens comme un poteau d'acier
Comme un père qui attend son fils prodigue
De son chemin de retour à la maison.

Les pluies et le soleil sont mes seuls copains.
Je ne me souviens plus du temps que j'attend
Cela ressemble à une éternité.

Mon seul travail est d'attendre et de patienter,
En comptant les gouttes de pluies,
Jusqu'au jour que tu reviendras.
Je t'aime encore !

Mes Larmes

J'ai acheté une bouteille en or
J'ai gravé ton nom dessus.
Une commande distincte du fabricant,
Pour retenir mes larmes spécialement pour toi.

Au moment où tu reviens,
Tu n'as pas besoin d'huile pour tes lanternes
Ou du gaz naturel pour ton réchaud.
Le carburant est mes larmes.

Mes larmes alimenteront ta maison
Comme une centrale électrique.
Tu économiseras à vie le budget de l'essence.
Mes sanglantes larmes alimenteront ta voiture—
Pour toujours !

Cœur Cubique

Reviens vers moi en un jour de pluie froid
Accompagné de tonnerre qui réveille tes pas
Et qui frappe tes pieds, pas tes yeux.
Du Tonnerre pour déplacer ton cœur en arrière
Du tonnerre d'amour qui assourdit tes oreilles
Et qui remontera aussi tes passions.

Bats les obstacles quotidiens qui détruisent tes pas
Sur ton chemin du retour vers moi.
Le fils prodigue a excellé
Tu peux imiter ses exploits.

Tu vis dans mon cœur
Je peux le voir dans tes larmes
Rendues visible de loin
Outre les gouttes de pluie sur ton visage.

Des graines d'amour brillent sur ton visage enfantin.
Ton deuxième cœur tremblant est visible,
Prêt à faire confiance à l'amour épique incolore
Qu'il a manqué depuis si longtemps.

Peddar Panga

Aucun espace n'existe entre deux amoureux
Ton troisième cœur est dans mes mains
Prêt à griller à nouveau le Saint Graal
Que tu débranche pendant ton exil.

L'horloge s'est arrêtée quand tu es parti.
Mon battement de cœur n'a pas coché depuis.
J'ai encore des marques de ta tête sur mes épaules.
Tu es à moi pour toujours !

48 Heures Plus Tard

Quarante-huit heures plus tard,
Je suis toujours debout ici
Au centre de l'autoroute.
Les véhicules roulent à proximité

L'atmosphère se pollue
Des racines sortent de mes pieds
Ils engorgent profondément dans l'asphalte.
Je me raidis, plus dur qu'un fer à repasser.

Quarante-huit heures plus tard,
Je suis toujours debout
Et extrêmement grand comme un arbre.
Je suis plus imposant que le poteau immobile.
Ma peau devient plus solide que le macadam.

Quarante-huit heures plus tard,
Je ne vais pas bouger d'ici
Pas même d'un seul iota de distance,
Jusqu'à ce que tu reviennes me chercher.
Jusqu'à ce que je redevienne tienne.
Tu seras toujours à moi !

Au-delà de Noé

Je ne suis pas garant de la débâcle de guerre.
Les réponses, j'en manque
Dans la peur de l'alarme de réveil
Qui a tendance d'être un éternel présent.

Un argument, souvent en concert, je le rejette.
Alors que les vacances obscurcissent les rivières,
Elles ajoutent une douche à la pluie,
Pour un atelier sur le plateau noir.

La famine des doigts et la rébellion de l'estomac,
C'est une ville déserte qui brille d'absence
des bâtons de la lune mouillée
Où la pluie ne s'arrêtera jamais.

Le déluge de larmes coulant de mes yeux,
Ajouté a tous mes cris de cœur et d'âme,
Sera plus dévastateur que quoi que ce soit.
C'est dangereux que le déluge de Noé.

La pluie du temps de Noé n'avait duré
que quarante jours et quarante nuits.
La mienne sera continue.
Une pluie sans fin qui ne s'arrêtera que
Quand tu vas revenir à moi.

VIII. Un Long Voyage Vers l'Expérience

Nous avons beaucoup à apprendre dans la vie...

Qui est à Blâmer ?

Tu as essayé plusieurs fois,
mais cela n'a pas fonctionné.
Tu as beaucoup investi,
en termes d'argent et de temps.
Le prix de tes sacrifices était extrême.
Aucun gain sur le résultat annoncé.
Qui est à blâmer ?

Tu as transpiré au plus haut degré,
Labourant ta terre jours et nuits.
Avec courage et détermination,
Tu as dilué ta culture
Avec amour et grand soin.

Cependant, tu n'as rien récolté.
Toutes tes moissons ont séché,
Le soleil a brûlé tes terres.
Aucune eau t'a donné un coup de main.
La sécheresse a été impliqué.
Qui est à blâmer ?

Peddar Panga

Tu l'as créé d'une manière ou d'une autre
Tu l'as attiré ou il a suivi ton parfum
Il y avait une parenté à cela.
Sinon, cela ne serait jamais venu à toi.

Ça Fait Mal

Ça fait mal !
Tous les placements que j'ai investis dans mon
éducation
Dissipent comme un nuage en fusion dans l'air
Ne récompensant pas de fruits en argent
Et en sacrifices engagés.

Ça fait mal !
Le temps s'est arrêté de courir
L'atmosphère refuse de fixer des conditions
climatiques
Tout ouvrier météorologique est licencié.

Ça fait encore mal !
Le sol est tellement glissant.
Je ne peux pas marcher.
Je continue de tomber à chacune de mes
tentatives monstrueuses.
Plus je lutte, plus je suis pris au piège.

Ça fait toujours mal !
Je suis maintenant incapable de réveiller mon

succès le matin. Il reste au lit, paresseux.
Découragé ? Non.
Cela ne fait mal que si je le permets.

Pas Contre Toi

Le grand pouvoir de la créativité, tu possèdes
Lorsque ton monde se dilate.
Capacités de traverser un œillet d'aiguille,
Tu tiens.
Ne laisse aucune situation te décourager.

Ton propre monde, l'obscurcissant,
Tu ne l'as pas fait.
Souffrance et désespoir et
Une pluie de pierres et de chaos chez toi,
Tu ne les as pas faits.
Des règles draconiennes pour ta propre paix et ton
amour, t'imposées, tu ne l'as pas fait.

Ta vie, un combat contre toi-même est.
En jeu, rien à perdre est.
L'équilibre dans la vie, c'est naturel.

Réveille-toi pour réparer ton combat
Aucun malheur contre toi-même nécessaire n'est.
Aucun blâme à toi-même ou au monde souhaité.

Peddar Panga

Tout en harmonie avec toi-même et
à un moment donné est.

Boomerang

Vis ta vie au maximum
Profite du fruit de ton travail
Aie les femmes de toutes les beautés
Bois des vins de différents goûts.
N'oublie pas cependant que
Tu t'imposes une pénalité.

Quand le jour de récupération va sonner,
Chacune de tes actions
Finira par te rattraper,
D'une manière ou d'une autre.

Quand les choses touchent ta santé,
ta richesse et ta dignité,
Accepte ton destin avec responsabilité.
Parce que toi et toi seul l'as créé.

Discrimine au lieu de vivre comme un
animal en liberté.
Donc, attends-toi à moins ou pas de feu
d'artifice en retour.

Sinon, sois l'auteur et
Responsable de tes propres misères.
La discipline est un prix en or
pour une vie fructueuse.

IX. Donner, C'est Aimer

L'amour d'un père à son fils crée une
nouvelle merveille du monde.

Rien à Donner

Je suis sans sou,
Je n'ai ni or, ni argent.
Seulement un cœur plein de générosité.
Pauvre, je suis, qu'est-ce qu'il me reste à donner ?

Je suis usé,
Je n'ai pas de compte bancaire ou d'épargne
Mais, la pression de mon cœur me pousse
À donner au-delà de mon dernier sou.

Qui est prêt à accepter un vide comme un cadeau ?
Qui veut partager le pain manquant ?
Qui sait à quel point est une poche vide ?
Qui est prêt à sentir l'odeur d'un parfum inexistant ?

Je suis indigent, je n'ai pas de cartes de crédit
Mais ce que je possède,
c'est plus que de l'argent et de l'or.
Ma sagesse, mon amour chaleureux et moi-même
Sont des cadeaux de mon cœur à toi.

Le Son de la Liberté

Je veux dire, je ne veux pas d'une vie sanglante
Pour ses affaires, ses amis et la mort.
Je ne vais pas accueillir la misère pour elle.

Un combat avec des femmes parmi les autres,
Les filles isolent la valeur de l'inconnu.
Nous faisons de notre mieux
pour exiger le connu.

Je voudrais montrer l'humilité et l'ouverture.
Je voudrais amplifier le son de l'audio
de l'impact du monde qui repose sur la paix

Il est facile de se rappeler le passé.
Pour un véritable crime au milieu de la nuit,
j'attendrai que le bain de sang commence
sans interruption.

Mille fois plus puissant
Que le rugissement du lion dans la jungle,

Sous la Pluie

La liberté vibre aux quatre coins du monde.
Pourtant, sa tranquillité est plus effrayante
que le Royaume de Morts.

Nous, les combattants de la liberté,
prenons une pluie de sang,
Comme des cadeaux en or,
Par souci de notre progéniture,
Si pas pour nous-même.

Nouvelle Merveille du Monde

Debout au sommet d'une montagne,
Il hurle un cri aigu et strident—
Le cri d'un vaillant guerrier.
Tout le monde dans la nature l'a entendu,
Et toute âme le regarda.

Même le Colisée de Rhodes
Ou la statue de Zeus à Olympe
Jamais ne s'est tenu aussi imposant
Que la stature de mon père
au plus haut sommet du monde.
Quel monde étonnant qu'est mon père !

Au moment de ma naissance, il m'a montré à tous.
Il a dit à la nature : « Ceci est mon fils.
En lui, j'ai mis tout mon amour et ma confiance.
Il est l'essence de mon amour ».
Chaque créature jubilait et applaudissait.

Louange à toi, oh père !
Pour me ramener à la vie
Et pour me donner comme une offrande agréable
Pour mère nature. Je t'aime, Papa !

X. Prier, C'est Aimer

Une prière est une belle offrande qui sent bon à Son Nez.

Un Pas Au-delà

Montre-moi des nouvelles vagues de sagesse
Apprends-moi des nouvelles façons
de compter les bénédictions
Guide-moi vers des nouvelles sources
de connaissance.

Aide-moi à reconnaître et à apprécier,
À portée de main, les cadeaux déjà existants,
Les clés, les voies et les moyens de bonheur.

S'il existe de nouvelles façons
d'expérimenter l'amour,
S'il te plaît, aide-moi à les vivre.
Nouvelles lumières et de nouveaux rêves,
Je les accueille dans ma vie.

Permets à toutes les nouvelles vibrations
d'ouvrir grand mes ailes.

Peddar Panga

Je veux m'envoler dans de nouvelles
atmosphères raffinées. Aussi longtemps que
Tu me permets d'aller encore plus loin.

Un Pas Au-delà, 2e Partie

Mes rêves et mon imagination
s'épanouissent
Explorant des nouvelles frontières
Pour voir des nouveaux horizons
Pour plonger dans de nouvelles profondeurs
non encore cartographiées.

Ma gorge, ma langue et mes sens attendent
de goûter de nouvelles recettes,
Des nouveaux esprits, des inédits legs
Pour embrasser de nouvelles connexions.

Montre-moi de nouveaux territoires
Et des nouvelles frontières
Emmène-moi dans de nouveaux cieux
Laisse-moi découvrir de nouveaux univers.

Conduis-moi vers des nouveaux talents,
de nouvelles créativités,
Des nouvelles visions et des originaux rêves.

Apprends-moi des authentiques leçons,
des nouvelles techniques.

Permets-moi de rendre des faveurs,
De bénir, d'aimer et de redonner à la vie,
A partir ce que j'ai maintenant,
alors que je fais un pas de plus dans la vie.

Chansons de Mon Cœur

Je te réveille pour avoir une ficelle.
Un clair de lune à proximité saute, étonné.
Pas plus de sel pour aromatiser les aliments.

Mes larmes pimentent ta recette
Laisse-moi me détendre dans ta volonté.
Mes baisers chantent de la musique.

Avec plaisir, laisse mon cœur chanter
une chanson d'amour pour toi. Observe
comment mon cœur déploie ses cordes vocales.

Avec un amour doux et brûlant,
Laisse mon cœur te dire
La plus belle prière.

Écoute mon cœur chante pour toi
Le plus doux et le plus puissant de tous les sons.
Permets à mon cœur de te redire ton amour.

Sanctuaire d'Amour

Une vie pour l'amour
Oh, murmure fantôme d'amour,
Cache-moi sous ton aura protectrice.
Comme un homme assoiffé,
Ma vie est dans une quête constante d'amour.

Les ténèbres envahissent la planète Terre.
Je ne m'attendais pas à un rayon de lumière
Cela peut aider mes yeux à trouver une cachette.
Je viens à toi pour mon refuge. L'amour
et l'amour seul, je le cherche constamment.

Ton amour va calmer ma vie des turbulences.
Comme une personne ayant une déficience
visuelle, je suis passé d'amour en amour
Ne rencontrant que des eaux tumultueuses
le long de ma route.
Amour, j'ai entendu et je sais,
Est le seul remède pour mes étangs troublés.

Sous la Pluie

Une fois dans tes ailes
Oh, fantôme d'amour,
Calme les eaux troublées de ma vie !
Pour l'amour et l'amour seul,
J'ai besoin d'amour dans ma vie.

Consulat d'Amour

Accorde-moi un visa touristique.
Je veux visiter la Planète Amour.
Les gens là-bas, j'ai entendu, chantent
continuellement des symphonies enchantées
d'amour.

Quel chef-d'œuvre d'une planète,
Oh, Planète Amour !
Entièrement compacté avec de l'ecstasy.
Tout est amour, fait d'amour,
Au cœur de l'amour

Au consulat de l'amour,
Devenir volontairement esclave de l'amour,
La seule condition requise
pour obtenir un visa est.
Oui, je jure fidélité,
Je permets à l'amour de manier mon âme.

Je ne veux pas manquer la pluie,
Les ruisseaux et la neige de l'amour.
Les lumières remplissent le paysage,

Et toutes les merveilles brillent
Dans l'incroyable planète de l'amour.

Pas Encore Fini

Incurable déclaré, ma maladie était.
Sentence de mort,
les médecins avaient prononcé.
Date à franchir,
les guérisseurs l'avaient déjà donnée.
Famille et moi, très affligé, nous étions.

Espoir en toi, dernière arme existait.
Les supplications,
nos tempêtes quotidiennes au ciel étaient.
Le jeûne et les supplications,
Chaque membre de la famille a contribué.
Personne n'a abandonné,
Personne n'a ignoré Ses Tout-Puissants
Pouvoirs.

L'arrêt de l'objectif a des problèmes.
C'était pour mon sanctuaire,
un niveau tacite,
Être toujours inconnu de l'intérieur des yeux.

J'espère sincèrement
que je commande une mesquinerie.
C'est un dernier effort de sauvetage.

Sous la Pluie

Tu es dans l'état qu'il vaut mieux,
Et chaque personne a un écho dans les
reliques de la vie.

Ma guérison miraculeuse est venue
tout droit de Sa Main, me prouvant que,
Quand les humains mettent un point,
Quand ils disent que c'est fini,
Il dit « n'abandonne pas encore car,
Ce n'est pas encore fini ».

Ma Dernière Prière

Ma première prière était quand j'ai pleuré
juste après mon premier souffle sur la terre.
Je prie habituellement lorsque j'ai besoin d'aide.
Lorsque les chagrins m'envahissent,
je prie pour un soulagement.
Dans la joie, je prie pour dire ma gratitude.

Je prie toute la journée, du lever
au coucher du soleil.
Je prie partout où je vais.
Quand je traverse l'abîme des ténèbres, j'implore.
Je prie à chaque respiration que je prends.
Même quand je ne suis pas dans le besoin, je prie.

Je te prie de te ramener,
Quand tu es loin de moi.
Je prie pour te garder plus près.
Sois mien et seulement mien pour toujours,
C'est ça ma dernier prière.

XI. Né de Nouveau

Nous avons une nouvelle vie après chaque
fois que nous subissons un baptême.

Baptême des Soleils

L'oxygène remplissant l'atmosphère
Imite l'amour voilant mes rêves.
Comme un manteau de dieux,
L'amour règne en chef dans ma vie.

La beauté majestueuse de l'amour,
Ajouté à sa simplicité et à sa fraîcheur,
M'a emmené au sommet de la plus haute
montagne. Pour me permettre de respirer
un amour pur avec mon cœur.

Un soleil glacial se leva de l'horizon,
Amenant plus d'amour à la fête de mon âme.
Étonnamment, un deuxième soleil se leva aussi
du firmament, me conduisant à l'extase.

Incroyablement, un troisième soleil froid se
leva. Ensuite,
une scène à couper le souffle rejoignit la fête.
De beaux soleils de différentes formes
commencèrent à se lever l'un après l'autre,

Ajoutant plus d'amour à mon univers de rêve.

Au fil du temps, le ciel est devenu tellement
couvert de soleils que je ne pouvais plus compter.
Le suspense a suivi
Je retins mon souffle avec gratitude pour le
magnifique spectacle
Ne sachant pas à quoi s'attendre ensuite.

Doucement, en succession rapide,
Comme des chutes de neige,
Les soleils ont commencé à tomber
comme de la neige,
Produisant des hautes tensions d'amour
Suivies par des sons forts.

Pourtant, le brouillard épais de l'amour
Tout autour de mon royaume de rêve
Ramolli les deux : les lumières aveuglantes
Et les résonances étonnantes,
Permettant à mon cœur de mieux digérer.

Je me suis assis, étonné,
Voulant que le spectacle dure pour toujours.
Ma vie veut gracieusement profiter
Plus de baptêmes de soleils comme ceux-ci.
Cela me rapproche de la source de toute vie.
Connais-tu son nom ?

À Son Image

Âme expérimentée qui guérit.
Être aimable créé haut,
Doté des mêmes qualités que Lui-même,
Élevant des nouveaux éléments, ajoutant,
Découvrant et redécouvrant la matière
déjà existante, l'énergie,
et l'ancienne vérité à nouveau,
Transformant la création finie
Dans des composants frais et nouveau-nés.

Âme expérimentée et érudite,
à la recherche de l'amour garanti,
Donné à lui de Sa Propre Main,
Rêvant et toujours créant sans cesse.
Elle atteint des dimensions plus élevées
que ceux des anges.
Un être plus conscient de sa nature,
Et ressemblant étrangement à Lui-même.
C'est ce qu'a été la mission
Du voyage de chaque âme, ici-bas.

Tonnerre d'Amour

Sur moi, un tonnerre d'amour est tombé
Et a calciné tout aux alentours.
Il a balayé toutes mes doutes
Y compris des charges de négativité
Que je porte depuis ma naissance.

Sur moi, un tonnerre d'amour est tombé
Sa douceur est si réconfortante
Sa sensation est si paisible
Ses merveilles sont illimitées.
Je me sens bénie comme un bébé
Reposant dans des mains veloutées.

Sur moi, un tonnerre d'amour est tombé
Tout captivant, comme les éclats des étoiles
Tout consumant, brûlant toute ma pollution
Tout se métamorphose, comme un papillon.
Je me sens très léger plus qu'une plume.

Un tonnerre d'amour est tombé sur moi

Sous la Pluie

Me transformant en un aimant
Qui attirer l'amour autour de moi
Faisant de moi une source d'amour
Où tout le monde peut boire
Et étancher sa soif.

Sur moi, un tonnerre d'amour est tombé
Je ne serai plus le même
Je ne peux pas me distinguer avec amour
Je suis maintenant un avec amour
Je suis l'amour.

Plus d'une Fois

Douce brise de l'intérieur
Révèle une créature angélique
Aux yeux d'or.

Un visage de fleur rose
Dents en diamants
Mains de tissus de velours.

Jambes de vitres incassables
L'artillerie se tient autour de mon épaule
Bouclier d'amour rayonnant sur moi.

Chaque fois que je meurs,
Je ressuscite avec un corps brillant,
Couvert de pétales de pierres précieuses.

Le Météore

Comme une pluie,
des météores d'amour tombent dans mon univers,
Remplissant tout mon être de gratitude
Et purifiant chaque pouce de mon univers.

La clairvoyance envahit mes yeux.
Je ne perçois que des étincelles d'amour autour
Je ne respire que de l'air aux particules d'amour.

La sagesse occupe mes nerfs auditifs.
Je n'entends que des murmures d'amour
Tous les sons sont des atomes d'amour.

Le bonheur et l'harmonie remplissent mes veines
et mes artères,
Remplaçant mon sang et mon oxygène.
O amour, tu remplis tous mes rêves !

Les connaissances affluent dans mon cerveau,
Régnant en monarque sur mon destin.
Je pense seulement et baigne l'amour.

Mes mots et mes stylos expriment l'amour
avec humilité. Mes pas sont de la musique,
chantant la chanson de l'amour.
La gratitude devient ma seconde nature.

Mes poumons respirent l'amour
Mes actes, mes émotions et mes mots
Tous dansent au son rythmique de l'amour.

Les météores d'amour sont tombés sur mon âme.
C'est toute une expérience transformante.
O, amour !
Est-ce ce qu'âme ressent quand tu l'envahis ?

Ce Jour-là

Un jour, plus de réveil
Bougie de lumière éteinte.
Les rêves sont partis en voyage sans retour

Lourds manteaux de chagrin,
Nous, tes bien-aimés, portons pour ton départ.
Douche de cendres, nous prenons. Juste pour toi.

Un aimant de tristesse
Tire nos têtes lourdes au sol
Courbant nos épaules.

T'aime, nous l'avons fait.
Comme un flux constant,
Nous t'aimons toujours. Pour toujours.

Traverser de l'autre côté,
La plus grande initiation est.
Alors, repose en paix !

XII. Amour Inestimable.

Le doux amour a un effet d'or dans chaque
cœur que tu rencontres.

Particules d'Amour
(Dédié à ma femme, Mwanuke Medard)

Une seule salutation d'elle, était une invitation
voulue dans les mondes de l'amour—
Une citoyenneté au royaume de l'amour
Que j'ai oublié que c'était un droit inné.

Quand j'ai demandé comment elle s'appelait
Pour que lui paye mes respects,
Elle m'a dit qu'elle se nommait Mwanuke,
Le successeur de l'Immaculée Vierge Marie.

Elle a fait la connaissance de l'amour,
Nous réchauffant autour de son feu de bois—
Le feu fait avec des particules d'amour—
Particules d'amour du centre de son cœur.

Depuis que je l'ai rencontrée,
Mon cœur s'est amélioré de la taille
d'une sauterelle,
À une dimension de géants amoureux.
Malgré mes proportions géantes,
mon cœur semble trop petit
Pour tenir tout l'amour que je porte pour elle.

Ma Chérie

Ma chérie est si douce et sucrée
Comme un verre d'eau glacée
Prise en une chaude journée d'été dans un désert
Après quarante jours de soif.

Ma chérie est le soleil de mon âme.
Elle est la lune et les étoiles de mes nuits.
Elle est l'espoir que j'ai toujours souhaité.
Elle est la centrale électrique de ma vie.

Ma chérie est limpide comme l'air que je respire.
Elle est l'oreiller de repos de ma tête.
Elle est mes rêves d'or récurrents
Tous les jours et toutes les nuits

Ma chérie est si innocent qu'un nouveau-né.
Elle est le seul numéro du téléphone
de mon cœur.
Elle est la connaissance de ma poche
Elle est le jour où Dieu s'est reposé
après la création.

Sous la Pluie

Ma chérie est lisse et adorable
Comme une brise matinale caressante
Elle est la nourriture saine
que je mange tous les jours.
Elle est l'épicentre de la vie.

Quand l'insomnie me rend visite,
Ma chérie est mes somnifères.
Elle anesthésie mes émotions.
Elle prend soin de moi comme une folle.

Ma chérie est le plus grand guérisseur.
Elle est ma cure quand je suis malade.
Elle est le sang qui coule dans mes veines.
Ma chérie est la raison de ma naissance.

Perdu…

Comme un bébé sans abri et seul dans la rue
Ne sachant pas dans quelle direction aller,
Je me retrouve à patauger dans ton cœur.
Seul, perdu, mais en sécurité.

Les épreuves et les tribulations,
Grêle et forte tempête, neige ou déluge,
Aucun ne me découragera d'ici.
Ma sécurité est devenue tellement plus difficile.

Je monte une marée d'amour. Tu peux l'arrêter ?
Agis pour faire fondre les nuages planant au-dessus
de ma tête. Ton cœur est un endroit sûr,
Un refuge pour mon âme troublée.

Ton amour allume un flambeau,
Pour éclairer le chemin de ma vie.
J'ai trouvé ma maison où je peux reposer en paix—
A jamais !

Chaussures à Haut-Talons

Les commotions cérébrales sont une lentille
d'instabilité. Après plusieurs heures de sanglots
dans ton sommeil, tes yeux protègent ton estomac
De trouver une grande miséricorde.

Un nombre ne va pas colorer tes sens.
Les présents jettent des fleurs à ton intuition.
Une pyramide en disparition éclaire la mémoire
Et construit une si grande pièce d'or dans ton cœur.

Changer un jardin dans une vallée de larmes,
Est-ce une expansion, un mouvement d'espionnage
dans ton cœur ? Quand j'entends ça,
Je réussis à respirer dans mes rêves.

C'est pourquoi j'ai besoin de toi pour oublier ma
coupe amère. Ainsi, jette des pailles et des cuillères,
Et bois directement d'une assiette spéciale,
Plein de microbes de mes pieds :
Mes chaussures de haut talons.

Laisse des empreintes de tes lèvres dessus.

Qui est un signe de la conviction de ton amour
sincère envers moi. Ensuite, gagne ma confiance à
cent pour cent
Que tu puisses faire des miracles pour moi,
Et prêt à te sacrifier à moi.

Sens Mon Amour

Sens mon amour non seulement avec ton cœur,
Mais aussi avec ton âme.
L'amour que je porte pour toi pleure
comme un bébé qui a besoin d'attention.
Manipule-le avec le plus grand soin
Comme des œufs crus qu'on n'évite de casser.

Cache-moi dans les ailes de ton cœur
Comme une poule couvre ses poussins
Et personne ne me trouvera jamais.

Nourris mon cœur de ton pur amour, chérie.
Et je n'aurai plus jamais faim.
Lève le pied de la douzième heure—
l'heure du déjeuner, et je n'aurais plus
besoin de nourriture à ce moment-là.

Sens mon amour avec ton cœur
Je suis ta terre fertile promise.
Reverse ma tasse de haut en bas
Pour vaincre définitivement ma soif d'amour.

Partenaire de l'Amour

J'ai trouvé une fenêtre,
tranquillement jouant
des chansons des jours qui n'ont jamais existé.

Avec l'arbre en guitare
et l'ordre du ciel dans mes pensées,
les organismes de radiodiffusion savent pourquoi
ma ferme a refusé de se transformer en désert.

Le péché attendu a couru de chez moi.
Ma mémoire aiguise un crayon
Pour écrire au début de la journée.

Je suis enclin à trancher une épée
Pour le tournage dans la galerie du bouc adorant.
Si tu n'annules pas cet historique en un claquement
de doigt, le filet, la taie d'oreiller, je m'en soucie.

La mer est une affaire entre sa lune et mes secrets.
Une vague lisse dépend de mon souffle.

Je suis partenaire de la vie,
Je marche avec joie sur le chemin de la lumière,
Je lis de l'amour sur le visage de ceux que je
rencontre.

Le son est sur mon chemin jour et nuit.
Même dans l'obscurité,
La bougie de mon âme illumine mes pas.
Je suis si proche de la source de tous les sons.

À cause de l'amour,
je peux rouler comme la lune,
Et je cours comme le soleil.
Je monte plus haut dans le ciel,
Illuminant les nuits et les jours,
Et répandant l'amour à perpétuité.

FIN.

À PROPOS DE L'AUTEUR

Peddar Panga, originaire du D.R. Congo, a immigré aux États-Unis à l'âge de trente ans. Il a obtenu un baccalauréat en biologie et une mineure en psychologie de la Texas A & M University, à San Antonio. Il s'est spécialisé en théâtre, en sciences infirmières et en sciences générales au San Antonio College.

Panga, qui est multilingue, interprète pour les autres comme un passe-temps. Il est un artiste d'enregistrement. Il parle l'anglais, le français, le portugais, l'espagnol, le swahili et plusieurs autres langues africaines. Parallèlement à l'écriture, il aime voyager, chanter, jouer du théâtre et faire du sport.

Les lettres et les critiques des lecteurs sont les bienvenues. S'il vous plaît écrivez à peddarpanga@gmail.com